GWENLLIAN
Tywysoges Ddewr

Argraffiad cyntaf: Ionawr 2011

Rhif Llyfr Safonol Rhyngwladol:
978-1-84527-278-4

Cynllun clawr: Adran Ddylunio Cyngor Llyfrau Cymru
Lluniau clawr/tu mewn: Graham Howells

Cyhoeddir dan gynllun comisiwn
Cyngor Llyfrau Cymru

Cyhoeddwyd gan Wasg Carreg Gwalch,
12 Iard yr Orsaf, Llanrwst, Dyffryn Conwy, LL26 0EH.
Ffôn: 01492 642031
Ffacs: 01492 641502
Ebost: llyfrau@carreg-gwalch.com
Lle ar y we: www.carreg-gwalch.com

Merched Cymru
4

Gwenllian

Tywysoges Ddewr

Siân Lewis

Darluniwyd gan Graham Howells

"Gwenllian!" gwaeddodd y negesydd.

Yn ei llys yng Nghaeo roedd y dywysoges Gwenllian a Rhys, ei mab bach pedair oed, ar ganol chwarae gêm o ymladd. Trodd Gwenllian mewn braw ac, ar unwaith, neidiodd Rhys tuag ati a chyffwrdd ei thiwnig â blaen ei gleddyf pren.

"Fi sy wedi ennill!" gwaeddodd. "Dwi wedi dy guro di, Mam. Mam!" Rhoddodd blwc i'w llaw.

Ond chymerodd Gwenllian ddim sylw ohono. Roedd ei llygaid wedi'u hoelio ar y dyn oedd yn brasgamu tuag ati.

"Be sy'n bod?" gofynnodd.

"Y Normaniaid," meddai'r dyn a'i wynt yn ei ddwrn. "Mae 'na sôn fod criw mawr ohonyn nhw'n ymgynnull yng nghastell Cydweli. Os felly, maen nhw'n siŵr o ymosod."

"Fe yrra i nhw i ffwrdd!" meddai Rhys, gan chwifio'i gleddyf. "Does dim ofn arna i. Dere, Mam!"

Ond roedd ei fam wedi gollwng ei chleddyf pren. Doedd dim amser i chwarae mwyach. Cyn hir fe fyddai'r dywysoges Gwenllian yn ymladd o ddifri, ac yn arwain byddin yn erbyn y Normaniaid.

Diwedd Chwefror 1136 oedd hi. Saith deg mlynedd ynghynt roedd y Normaniaid o ogledd Ffrainc wedi ymosod ar Loegr, ac wedi goresgyn y wlad. O dipyn i beth, roedden nhw wedi goresgyn Cymru hefyd, a chodi un castell ar ôl y llall.

Aberystwyth . . . Aberteifi . . . Caerfyrddin . . . Penfro . . . Cydweli. Roedd y cestyll hyn, a sawl castell arall, yn sefyll ar dir a fu unwaith yn rhan o deyrnas Deheubarth.

Gruffudd ap Rhys, gŵr Gwenllian, oedd Tywysog Deheubarth. Roedd y Normaniaid wedi dwyn ei eiddo bron i gyd. Dim ond ychydig o diroedd yn ardal Ystrad Tywi oedd ganddo ar ôl.

Er pan oedd e'n ddyn ifanc, roedd Gruffudd ap Rhys wedi ymladd yn erbyn y Normaniaid. Roedd e wedi ymosod ar eu cestyll dro ar ôl tro. Ond roedd gan y gelyn furiau cryf i'w hamddiffyn, a digonedd o arfau. Roedden nhw hefyd yn filwyr profiadol. Er i Gruffudd wneud ei orau glas i adennill ei dir, cafodd ei siomi dro ar ôl tro.

Yna, ar ddechrau'r flwyddyn 1136, daeth newydd da. Fis yn unig ar ôl marwolaeth Harri I, brenin Lloegr, fe enillodd y Cymry fuddugoliaeth yn Llwchwr, ger Abertawe. Yn y frwydr lladdwyd 500 o Normaniaid.

Wedi'r frwydr roedd dathlu mawr yn llys Gruffudd a Gwenllian yng Nghaeo.

"O'r diwedd!" meddai Gruffudd, gan wasgu'i ddyrnau. "Mae'r Normaniaid ar ffo. Rhaid i ni gasglu byddin i'w hel nhw o'r wlad."

"Dos i'r gogledd," meddai Gwenllian. "Dos i lys Aberffraw, a gofyn i 'nhad a 'mrodyr am help. Gyda'i gilydd, gall gwŷr Gwynedd a gwŷr Deheubarth guro'r Normaniaid unwaith ac am byth."

"Tybed?" meddai Gruffudd, gan daflu cipolwg ar ei wraig. Gruffudd ap Cynan, tad Gwenllian, oedd Brenin Gwynedd. Doedd neb wedi ymladd yn galetach yn erbyn y Normaniaid na Gruffudd ap Cynan, nac wedi dioddef cymaint chwaith. Am ddeuddeng mlynedd fe fu'n pydru mewn carchar yng Nghaer. Ond erbyn hyn roedd e'n hen ŵr, a braidd yn rhy fodlon ei fyd. Roedd e unwaith wedi

cynllwynio i roi Gruffudd ap Rhys yn nwylo'r gelyn, a doedd Gruffudd ddim wedi anghofio am hynny.

"Dwi'n gwybod bod 'nhad wedi trio dy fradychu un tro," meddai Gwenllian yn siomedig. "Ond roedd hynny amser maith yn ôl, cyn i ti a fi redeg i ffwrdd gyda'n gilydd. Mae pethau wedi newid." Cydiodd ym mraich ei gŵr. "Bydd fy mrodyr, Owain a Cadwaladr, ar dân eisiau ymuno â ti, yn enwedig os ydyn nhw wedi clywed am y fuddugoliaeth yn Llwchwr."

Nodiodd Gruffudd ei ben yn feddylgar. "O'r gore," meddai o'r diwedd. "Fe a' i i'r gogledd i weld dy dad. Ond yn gynta dwi am wneud yn siŵr nad yw'r Normaniaid yn cynllwynio yn ein herbyn ni." Gwenodd ar ei wraig a'i gwasgu'n dynn. Gyda'i gilydd fe guren nhw'r Normaniaid. Ennill amdani!

Y prynhawn hwnnw, a gwyntoedd oer y gaeaf yn chwythu dros Gaeo, gyrrodd Gruffudd ap Rhys ysbïwyr i gadw llygad ar y Normaniaid. Roedd e'n disgwyl iddyn nhw ddial ar y Cymry am y gosfa yn Llwchwr. Ond aeth dyddiau lawer heibio, a phobman yn dawel.

"Mae'r Normaniaid yn swatio yn eu cestyll fel gwiwerod mewn nyth," meddai Gruffudd un bore. "Maen nhw'n casáu'r tywydd oer."

"Os felly, dos i'r gogledd ar unwaith cyn i'r tywydd gynhesu," meddai Gwenllian yn daer.

"Alla i ddim. Fydd 'ma neb i d'amddiffyn di," atebodd Gruffudd.

"Neb i'w hamddiffyn hi?" meddai llais cadarn. "Sut gelli di ddweud y fath beth? Dwi yma i amddiffyn Mam."

Gwenodd Gwenllian. Roedd Maredudd, ei mab hynaf,

yn brasgamu tuag ati. Dim ond chwech oed oedd Maredudd, ond roedd e eisoes mor danllyd â'i dad ac mor benderfynol â'i fam.

"Dwi'n gallu ymladd yn dda, yn tydw i, Mam?" gofynnodd.

"Yn dda iawn," atebodd Gwenllian yn llawn balchder. Roedd Maredudd yn gleddyfwr bach chwim a chelfydd. Hi ei hun oedd wedi'i ddysgu, yn union fel y dysgwyd hi gan ei thad yn y llys yng Ngwynedd. "Ti'n gweld," meddai wrth Gruffudd a'i llygaid yn disgleirio. "Dwi'n berffaith ddiogel. Mae gwaed tywysogion Gwynedd a Deheubarth yn llifo drwy gorff ein mab."

"A bydda i'n ymladd y Normaniaid nes y bydd tiroedd Gwynedd a Deheubarth yn eiddo i ni unwaith eto," meddai Maredudd, gan chwifio'i gleddyf bychan.

"Dwi'n siŵr y byddi di," meddai Gruffudd, gan roi ei law ar ei ysgwydd. Yn ddistaw bach sibrydodd wrth Gwenllian, "Ond dwi'n gweddïo na fydd yn rhaid i chi ymladd hebdda i. Fe fydda i i ffwrdd am rai wythnosau."

"Gorau po gyntaf yr ei di, felly," atebodd ei wraig yn bendant. "A gorau po gynta y trechwn ni'r gelyn."

Gwenodd Gruffudd. Go brin fod angen i unrhyw un amddiffyn Gwenllian. Roedd hi wedi ymladd wrth ei ochr dro ar ôl tro. Roedd hi wedi ei geni'n dywysoges, yn wraig i dywysog ac yn fam i dywysogion. Roedd hi'n ddewr; yn gadarn; yn fentrus; ac i Gruffudd, doedd neb mor dlws â hi drwy Gymru gyfan. Disgynnai ei gwallt dros ei hysgwydd fel fflam o dân.

"Yna fe a' i," meddai, gan blygu o'i blaen a chusanu ei llaw.

Fore drannoeth dechreuodd Gruffudd ar ei daith i ogledd Cymru yng nghwmni criw o'i ddynion. Roedd hi'n fore braf ym mis Chwefror. Chwythai anadl y ceffylau fel baner loyw drwy'r awyr oer a thasgai gwreichion o'u carnau. Rhedodd Rhys a Maredudd ar ôl y ceffylau a gweiddi "Da bo!" nes i'w tad ddiflannu o'r golwg. Yna, yn ôl â nhw at ei mam oedd yn sefyll ar y buarth, gyda Morgan a Maelgwn, eu dau frawd bach, yn ei breichiau. A'i phedwar mab yn glwstwr o'i chwmpas, gwrandawodd Gwenllian ar sŵn y carnau'n distewi.

Am eiliad, daeth cwmwl dros ei hwyneb. Roedd y Normaniaid yn gyfrwys. A fydden nhw'n sylweddoli ei bod hi ar ei phen ei hun, heb fawr neb i'w hamddiffyn? Trodd Gwenllian a syllu dros ddyffrynnoedd coediog Ystrad Tywi. Uwch ei phen roedd criw o frain yn erlid boda. Heblaw am eu crawcian, roedd pobman yn dawel.

"Gwenllian!"

Y diwrnod olaf ym mis Chwefror oedd hi, yn gynnar yn y bore, pan ddaeth y negesydd i darfu ar y tawelwch.

"Gwenllian!"

Gwyddai Gwenllian ar unwaith fod ganddo newyddion drwg, y newyddion gwaethaf posib. Roedd y Normaniaid yn paratoi i ymosod. Yn oriau tywyll y nos, wrth orwedd yn effro yn ei gwely, roedd hi eisoes wedi penderfynu beth i'w wneud pe bai hynny'n digwydd.

Byddai'n ymladd.

Ond yn gyntaf, rhaid oedd gofalu fod Maredudd a Rhys yn ddiogel. Er mor fach oedden nhw, byddai'r ddau ar dân eisiau ymuno yn y frwydr. Gan sbecian ar Rhys oedd yn

ymladd ei gysgod, galwodd ar forwyn i ddod ati. "Chwilia am Maredudd," sibrydodd wrth y ferch, "a dos ag o a Rhys am dro, o'r ffordd."

Cydiodd y forwyn yn llaw'r bachgen bach a mynd ag e allan. Ar unwaith, trodd Gwenllian at y negesydd. "Ble yn union mae'r Normaniaid?" gofynnodd.

"Maen nhw'n dal i ymgynnull yng nghastell Cydweli."

"Felly rhaid i ni ymosod yn syth," meddai Gwenllian.

"Ond dyw eich gŵr ddim yma," meddai'r negesydd yn bryderus.

"Os arhoswn ni nes i Gruffudd ddod yn ei ôl, fe fydd hi ar ben arnon ni," atebodd Gwenllian. "Mae'r Normaniaid yn gwybod ei fod e oddi cartre. Dyna pam maen nhw wedi penderfynu ymosod. Fyddan nhw ddim yn disgwyl i fi gymryd ei le, ond dyna'n union be dwi am 'i wneud. Dyna'n hunig obaith. Fe wna i arwain byddin yn eu herbyn."

"Ond does gyda chi ddim byddin!"

"Mae digon o Gymry'n ysu am gyfle i ymladd yn erbyn y Normaniaid. Galwch nhw at ei gilydd. Does dim amser i'w golli."

Aeth y negesydd i ffwrdd ar frys. Cyn hir roedd yr alwad i ryfel yn atseinio drwy'r fro. O bob cwr o Ystrad Tywi, gadawodd dynion eu gwaith, codi eu harfau ac anelu am Gaeo.

Yn eu mysg roedd bachgen tair ar ddeg oed o'r enw Hywel Goch. Wrthi'n hela cwningod yn y coed yr oedd Hywel, pan glywodd e floedd yr utgorn. Hwn fyddai'r tro cyntaf iddo ymladd ond, heb oedi eiliad, cydiodd yn ei fwa a'i gleddyf a mynd gyda'r dynion tuag ar frys at gartref Gwenllian.

Wrth nesáu at y llys, clywodd Hywel lais clir y dywysoges yn galw: "Wŷr Deheubarth, wnewch chi ymladd gyda fi?"

"Gwnawn!" bloeddiodd y dynion fel un gŵr.

"Dwi'n ferch i frenin, ond rydych chi'n feibion Cymru. Ein heiddo ni yw'r wlad hon. Mae'r Normaniaid eisoes wedi dwyn llawer o'n tiroedd. Gân nhw ddwyn rhagor?"

"Na! Byth eto!"

"Yna fe ymosodwn ni heddiw a'u trechu!"

Gyda rhu byddarol, dechreuodd y dynion ar eu taith i dref Cydweli. Sgubwyd Hywel heibio i gert oedd yn cario dau fab bach Gwenllian. Roedd Gwenllian ei hun yn marchogaeth o flaen ei byddin, a'i gwallt coch yn chwipio yn y gwynt. "Dial ar y Normaniaid!" gwaeddodd. Wrth glywed ei bloedd, tyrrodd rhagor o ddynion o bob bryn a phant.

Erbyn cyrraedd o fewn golwg i gastell Cydweli, roedd dros ddau gant o ddynion yn y fyddin, a phob un yn barod i ymladd. Ond roedd hi'n gynnar yn y flwyddyn a'r dyddiau'n fyr. Wrth i'r haul ddechrau disgyn dros y gorwel, gwelodd Gwenllian ddyn yn rhedeg ar hyd glannau afon Gwendraeth Fach. Hwn oedd y negesydd a ddaeth ati ben bore, ac roedd ei wyneb yr un mor ofidus.

"Dywysoges!" galwodd. "Rydych chi'n rhy hwyr. Mae Maurice de Londres, Arglwydd Castell Cydweli, wedi clywed eich bod ar eich ffordd. Mae e'n barod amdanoch. Mae ei fyddin yn gwersylla ger y castell."

Arafodd Gwenllian ei cheffyl, a throi i gyfeiriad Cydweli. O dan furiau'r castell roedd y llygedyn olaf o haul yn disgleirio'n gyfrwys ar arfwisg y gelyn. Edrychodd

Gwenllian i lawr ar ei dynion hi yn eu dillad gwaith. Ddylai hi droi'n ôl?

Na! Edrychodd o'i chwmpas. Er bod gwisgoedd y dynion yn llwm, roedd eu calonnau a'u llygaid ar dân. Roedd hyd yn oed Morgan a Maelgwn, ei dau faban bach, yn sboncio ac yn gweiddi'n groch. Allai hi ddim troi'n ôl.

"Heno, fe wersyllwn ni yng nghysgod Mynydd y Garreg," meddai hi, "ond fory, fe ymladdwn ni dros ein gwlad."

"I'r gad!" atebodd y dynion ag un llais, a dal ati i floeddio nes bod eu sŵn yn yn atseinio drwy Fynydd y Garreg.

Fore drannoeth, wrth i'r haul godi ar y cyntaf o Fawrth, cafodd Gwenllian ei deffro gan sŵn traed yn gorymdeithio. Ffarweliodd y dywysoges â'i dau fab bach, a gafael yn ei chleddyf. Roedd byddin y Normaniaid ar ei ffordd. Safodd y Cymry o amgylch Gwenllian a gwylio'r gelyn yn agosáu ar hyd glannau'r Gwendraeth Fach, gyda'u baneri'n cyhwfan yn y gwynt. Ar flaen y gad cerddai'r saethwyr, a'r rhesi o farchogion yn eu dilyn.

"Gwenllian!" gwaeddodd y negesydd yn floesg. "Edrych y tu ôl i ti. Maen nhw'n ymosod o ddau gyfeiriad!"

"I'r gad, wŷr Deheubarth!" gwaeddodd Gwenllian. "Cadwch eich cefnau tuag at y bryniau ac ymladdwch!" Gwasgodd ei dwrn yn dynn am garn ei chleddyf a'i godi uwch ei phen.

Gydag un floedd, trodd ei byddin mewn hanner cylch i wynebu'r gelyn. Gwibiodd saethau'r Cymry drwy'r awyr. Rhedodd y rhes gyntaf o filwyr tuag at y gelyn a chyllyll yn eu dwylo. Wrth i'r rheiny gael eu llorio gan saethau'r

Normaniaid, rhuthrodd y cleddyfwyr i'r frwydr gyda Hywel yn eu mysg.

Dal i ymosod a wnâi'r Normaniaid. Pan oedd un yn disgyn, roedd chwech arall yn cymryd ei le. Â'i chleddyf uwch ei phen, aeth Gwenllian ar gefn ei cheffyl i ganol y brwydro. Rhuthrodd ei milwyr ar ei hôl. O'u blaen, gwelent y gelyn barus oedd wedi dwyn eu tiroedd. Gan ruo am waed, fe ymosodon nhw gyda chyllell a chleddyf, morthwyl a phicell.

Syrthiodd Cymro a gelyn i'r llawr. Ond roedd byddin y Normaniaid yn dal i wasgu yn ei blaen. Trawyd cleddyf Hywel o'i law, ac wrth i'r bachgen ddisgyn yn ei hyd, clywodd geffyl yn gweryru mewn poen. Ceffyl Gwenllian! Roedd y ceffyl wedi'i daro gan saeth. Yn ei boen, cafodd yr anifail ofn a dianc i gyfeiriad yr afon, gan daflu'r dywysoges i'r llawr.

"Mae Gwenllian ar lawr!" gwaeddodd Hywel mewn braw. "Helpwch hi, ddynion! Helpwch hi!"

Ond doedd neb yno i helpu. Roedd pob Cymro oedd yn dal ar ei draed yn ymladd am ei fywyd a'i gefn tuag at y graig.

"Mae Gwenllian ar lawr!" Roedd lleisiau bodlon y Normaniaid yn gweiddi'n groch erbyn hyn. Yn brasgamu tuag at y dywysoges roedd eu harweinydd, Maurice de Londres, Arglwydd Castell Cydweli, a gwên greulon ar ei wyneb.

Cododd Gwenllian ei phen yn heriol. "Ymladdwch, wŷr Cymru! Ymladdwch!"

Atseiniodd ei llais am y tro olaf dros faes y gad, cyn distewi'n llwyr.

Y noson honno wrth gripian adre i Gaeo, wylodd Hywel wrth feddwl am Gwenllian. Roedd Maurice de Londres wedi ymddwyn yn giaidd. Nid yn unig roedd e wedi lladd Gwenllian, ond roedd e hefyd wedi lladd un, os nad dau, o'i meibion bach. Doedd ryfedd fod y Cymry'n wylo, a'r gri dorcalonnus "Gwenllian!" i'w chlywed yn siffrwd dros y bryniau.

Wrth i'r fyddin fechan hercian adre, roedd criw arall o Gymry'n paratoi i adael Gwynedd. Yn eu harwain roedd Gruffudd ap Rhys, gŵr Gwenllian, a'i dau frawd, Owain a Cadwaladr. Roedd Gruffudd wedi cael ymateb brwd gan ddynion y gogledd, a chroeso cynnes gan ei dad-yng-nghyfraith, Gruffudd ap Cynan. Gan ei fod erbyn hyn yn hen ŵr dros ei bedwar ugain, roedd Gruffudd ap Cynan wrth ei fodd yn hel atgofion, ac yn sôn am Gwenllian, yr ieuengaf o'i wyth plentyn.

"Dylet ti fod wedi'i gweld hi pan oedd hi'n eneth fach," meddai wrth Gruffudd. "Doedd hi'n ofni neb na dim, ac yn gallu trin y bwa a'r cleddyf yn well na'i brodyr. Ac ar ben hynny roedd hi mor dlws â rhosyn."

"Mae'n dal 'run fath," atebodd Gruffudd gyda gwên. "Gorau po gynta yr a' i'n ôl ati."

Ychydig ddyddiau'n ddiweddarach, ar eu ffordd i'r de, gwersyllodd Gruffudd a'i ddynion ym Meirionnydd. Y noson honno, breuddwydiodd Gruffudd am ei wraig. Yn y freuddwyd, roedd Gwenllian yn carlamu tuag ato ar geffyl gwyn, a chleddyf aur yn ei llaw. Deffrodd yn sydyn. Roedd ceffyl go iawn yn carlamu tuag ato. Drwy niwl y bore, gwelodd ddyn yn marchogaeth gan weiddi ei enw.

"Gruffudd ap Rhys! Gruffudd ap Rhys! Mae gen i newyddion i ti."

"Beth?" Neidiodd Gruffudd ar ei draed.

Sgrialodd y marchog i ganol y gwersyll a'r dynion yn tyrru o'i gwmpas.

"Gruffudd ap Rhys!" llefodd. "Ble mae Gruffudd ap Rhys?"

A'i wynt yn ei ddwrn, rhuthrodd Gruffudd tuag ato. "Dyma fi," meddai.

"Syr!" A'i gorff yn crynu, disgynnodd y marchog oddi ar gefn ei geffyl a phlygu glin o flaen Gruffudd.

"Be sy'n bod?" gofynnodd Gruffudd.

"Mae'r Dywysoges Gwenllian wedi marw . . ."

"Wedi marw?" gwaeddodd Gruffudd.

"Lladdwyd hi ar faes y gad gan Maurice de Londres," meddai'r marchog. "Lladdwyd Morgan bach hefyd, ac mae Maelgwn ar goll."

"Morgan a Maelgwn wedi marw!" gwaeddodd Gruffudd mewn poen.

"Ond rydyn ni'n dal i'w chlywed hi, syr," meddai'r marchog yn floesg. "Mae ysbryd Gwenllian yn dal i grwydro'r maes a'n galw i ryfel, er nad oes neb ar ôl i ymladd erbyn hyn."

"Neb ar ôl i ymladd?" gwaeddodd Gruffudd. "Neb i ymladd? Fe ymladda i hyd at angau." Gyda bloedd gynddeiriog, neidiodd ar ei geffyl a chodi ei gleddyf. "Gwenllian! Dial am Gwenllian!"

"Gwenllian! Dial am Gwenllian!" Cododd pob dyn ei lais a chan weiddi'n groch, rhuthrodd y fyddin yn ei blaen i gyfeiriad y de. "Am Gwenllian! Dial, dial!" Atseiniodd eu rhu dros y bryniau, gan wneud i'r Normaniaid grynu o fewn eu cestyll.

"Dial am Gwenllian!" Yn eu gwyllltineb, ymosododd y Cymry ar gestyll gogledd Ceredigion. Fe sgubon nhw'r gelyn o'u ffordd. Rhoddwyd cestyll a dynion ar dân. Ffodd y Normaniaid am eu bywydau, a bloeddiadau'r Cymry'n atsain yn eu clustiau.

"Gwenllian! Dial am Gwenllian!"

Er mor benderfynol oedd gŵr Gwenllian a'i dau frawd, ac er iddyn nhw adennill castell Aberteifi'r flwyddyn honno, bu'r Cymry a'r Normaniaid yn brwydro am flynyddoedd maith, gan adael miloedd yn farw. Flwyddyn yn unig ar ôl ei wraig, bu farw Gruffudd ap Rhys. O'u pedwar mab, dim ond Rhys gafodd oes hir.

Er nad oedd Rhys ap Gruffudd bellach yn dywysog, erbyn diwedd ei oes, fe oedd y mwyaf pwerus o arglwyddi Cymru. Daeth y bachgen bach, a ddysgwyd i drin y cleddyf gan ei fam, yn ymladdwr heb ei ail. Yn y Deheubarth, llwyddodd i adennill tiroedd ei deulu, ac i ychwanegu atyn nhw. Ar un adeg roedd yn arglwydd ar gastell Cydweli. Un o'i gestyll eraill oedd castell Aberteifi, lle cynhaliwyd yr eisteddfod gyntaf yn 1176.

Yn yr eisteddfod honno daeth beirdd a cherddorion o bell ac agos i ganu clodydd Rhys ap Gruffudd, ac i ganu am arwyr ac arwresau eu gwlad.

Er na wyddon ni mo eiriau'u caneuon, gallwn fentro eu bod wedi canu clodydd un wraig arbennig, gwraig na allai neb ei anghofio: Gwenllian.

Hyd heddiw, mae'r man lle bu Gwenllian farw, ar lannau afon Gwendraeth Fach, yn dwyn yr enw Maes Gwenllian. Ychydig bellter i ffwrdd, mae muriau gweigion castell Cydweli.

Merched Cymru 1

Dwynwen

Stori Dwynwen, nawddsant cariadon Cymru. Syrthiodd mewn cariad â thywysog hardd – ond doedd ei thad ddim yn fodlon iddi ei briodi. Hwyliodd i ffwrdd mewn cwch gan adael i'r gwynt fynd â hi. Glaniodd ar ynys fechan ym Môn a threuliodd ei bywyd yn helpu'r rhai oedd yn glaf gan gariad.

Merched Cymru 2

Marged

Ddwy ganrif yn ôl yn Eryri, roedd Marged ferch Ifan yn gawres gref na fyddai'n derbyn dim lol gan neb. Gallai ganu'r delyn, reslo, pedoli ceffylau, adeiladu a rhwyfo cychod, canu caneuon a rhedeg tafarn. Ond roedd ganddi fan gwan yn ei chalon i Ianto, ei chi bach – a gwae'r sawl fyddai'n ddigon ffôl i wneud unrhyw niwed i hwnnw!